VIVE

L'EMPEREUR!

Imp. et lith. des Beaux Arts, Passage du Prince, 16

VIVE

L'EMPEREUR!

PAR

M. Ch. BERNARD DEROSNE.

« Dieu protège la France. »

BRUXELLES,
NOVEMBRE 1853.

A LA MÉMOIRE DE MON FRÈRE ERNEST,

Maréchal des logis au 2me régiment de Spahis

TUÉ DANS UN COMBAT CONTRE LES ARABES LE 10 AVRIL 1852.

A toi, ces pages, cher aimé de mon cœur. A défaut de talent, elles seront pleines des convictions que nous nous étions formées ensemble, et de cet amour de la France et de son chef qui t'a fait regretter si vivement de ne pouvoir prendre ta part de la lutte qui devait sauver le pays, honorer à jamais l'armée à laquelle tu étais si fier, si heureux d'appartenir et remettre le sort de la nation aux seules mains capables de lui rendre ses splendeurs passées.

A toi, avec toi, vive l'Empereur !

C. B. D.

Bruxelles, novembre 1853.

Cette brochure, ayant été écrite en pays étranger, nous eussions pu nous servir des armes employées par les détracteurs du gouvernement français et répondre par de brutales vérités aux injures et aux calomnies qu'ils ont répandues dans quelques pamphlets et quelques journaux publiés hors de France et tolérés par la faiblesse des gouvernements libéraux, impuissants à réprimer de pareils scandales.

Outre la répugnance que nous éprouverons toujours à faire appel aux passions et au mauvais goût, nous sommes convaincu que l'injure et la calomnie sont les armes des partis aux abois, la cause que nous glorifions est la cause de la France, elle est assez grande, assez forte, pour ne pas relever de pareilles attaques. Puis les grossièretés n'ont jamais rien prouvé; si ce n'est la faiblesse et l'incapacité de ceux qui les emploient. Là, et pas ailleurs, est le motif de notre silence.

C. B. D.

Bruxelles, novembre 1858,

VIVE L'EMPEREUR !

Il n'y a que deux sortes de légitimités après les révolutions.

La légitimité nécessaire, transitoire et de fait, qui est celle des gouvernements provisoires.

La légitimité éternelle, imprescriptible et de droit, qui est celle du peuple.

Il n'y a qu'une souveraineté politique : celle de l'universalité de la nation.

Il n'y a qu'une vérité politique : celle de la majorité.

Au-dessus de la souveraineté du peuple il n'y a rien en droit.

Au-dessus de la volonté de la majorité, il n'y a rien en fait.

VIVE L'EMPEREUR !

VIVE L'EMPEREUR!

2	août	1802.	Consulat à vie	3,368,359.
2	décembre	1804.	Empire héréditaire . .	3,564,898.
22	avril	1815.	Acte additionnel. . . .	» » »
10	décembre	1848.	Présidence.	5,524,898.
20	décembre	1851.	Présidence décennale .	7,439,216.
20	novembre	1852.	Empire héréditaire . .	7,824,189.

VIVE L'EMPEREUR!

« Dieu protège la France. »

Il y a soixante ans que la France voit les gouvernements se succéder et tomber les uns après les autres devant l'émeute suscitée par quelques tribuns ambitieux ou exaltés et exploitée par les chefs des sociétés secrètes qui, après avoir poussé en avant un nombre plus ou moins considérable de gens toujours prêts au désordre, se cachent en cas d'insuccès ou escaladent les plus hautes fonctions si le coup a réussi. Voilà, si nous ne nous trompons, le personnel mis en œuvre pendant les tristes journées de 1830 et les journées plus tristes encore de 1848. Un seul gouvernement, le seul vrai gouvernement qu'ait eu la France durant cet espace de temps, a succombé non devant la guerre civile, mais devant la coalition des armées étrangères ameutées contre son chef; chef, assez fort, assez énergique, assez imbu du sentiment national pour faire l'Europe entière vassale de la France. Ce gouvernement, c'est l'Empire. Ce chef, c'est Napoléon Ier.

Jamais l'Empire n'eut à réprimer la moindre tentative d'insurrection armée, car l'Empereur ne marchanda jamais son adhésion à la Révolution. Par lui, par ses lois, elle fut promptement inféodée aux mœurs françaises. Par lui, par ses victoires, l'Europe entière apprit rapidement à l'apprécier. L'Empereur sentait bien les aspirations de l'ère nouvelle qui commençait à l'inauguration de sa puissance. Il se savait si bien la Révolution faite homme que pour lui la souveraineté de la nation ne fut pas un instant mise en parallèle avec le droit par la grâce de Dieu de la monarchie ancienne. Trois fois, à trois reprises différentes, Napoléon voulut faire consacrer son pouvoir par le pays. Lui, à qui l'assentiment de tous était acquis jusqu'à l'évidence par l'enthousiasme de la France et de l'Europe, lui, à qui son génie aurait pu tenir lieu de droit, il voulut pouvoir s'appuyer sur trois élections successives dans lesquelles l'unanimité des citoyens lui conféra la puissance suprême. Par cette franche et loyale reconnaissance des principes de la Révolution, il constitua une autorité incontestée, incontestable, qui lui permit de réglementer la Révolution et de la maintenir dans les vraies limites de la justice et du sens commun. Cette autorité tenait une telle force de son origine que pendant les quinze années du gouvernement impérial, il n'y eut d'autre velléité de soulèvement dans les populations que la malencontreuse conspiration de Mallet, qui fut comprimée avant que le public ait eu le temps de connaître cette ridicule tentative qui n'excita dans les masses qu'un étonnement mêlé de raillerie et de compassion pour les auteurs d'une folie si grande et si éloignée de la pensée générale.

Depuis la chute à jamais regrettable de l'Empire devant les armées étrangères, les gouvernements qui se sont succédé ont tous reculé devant un appel au pays. Ils n'ignoraient pas que chaque fois que la France serait consultée en toute sincérité sur le gouvernement de son choix, elle répondrait Empire et Napoléon. Aussi, acceptant les principes de 1789 pour les interpréter à leur façon, reculant devant la constatation régulière et complète de la volonté du pays, ces gouvernements ne parvinrent-ils, malgré leurs efforts, à ne fonder que des pouvoirs temporaires que la moindre émotion populaire réussissait à abattre sans qu'ils sentissent en eux la force de se défendre. Ils savaient bien ne pouvoir compter sur l'armée qu'accidentellement; l'armée sort du peuple et comme le peuple, l'armée regrettait l'Empire et ses gloires. Sans cela Charles X et Louis-Philippe auraient-ils été vaincus honteusement par quelques bandes de gamins? Non, car une armée décidée à combattre domine toujours une insurrection. Mais à l'armée il faut un chef, il faut un drapeau. Il n'y en a qu'un qu'elle ait jamais suivi aveuglément : celui de la souveraineté du peuple.

La Restauration et la Monarchie de juillet tombèrent sans avoir su se défendre. La branche cadette de la maison de Bourbon partit pour l'exil en ne conservant rien du prestige et de la grandeur qui doivent toujours environner le pouvoir. C'en est donc fait à tout jamais du régime monarchique en France pour ce qui regarde la branche aînée ou pour ce qui touche la maison d'Orléans. La France est indulgente, mais elle ne pardonne jamais l'abandon de soi-même. Ce qui rend plus irrémédiables encore, s'il était possible, les résultats des insurrections victorieuses de 1830 et de 1848, c'est que les gouvernements qui ont succombé devant elles, ont été engloutis malgré l'organisation impériale, qui pendant vingt années, avait fait Napoléon fort et puissant au-dedans.

Le Code, le système financier, les budgets, la Banque de France, la Légion d'honneur, l'armée, l'unité administrative et judiciaire, toutes les forces vitales de l'État, sont les créations de l'Empereur. Charles X, aussi bien que Louis XVIII, Louis-Philippe aussi bien que Charles X, n'auraient dû faire autre chose que mettre en mouvement cette grande œuvre du génie de Napoléon. Il est vrai que sous le règne des Bourbons, Napoléon aurait toujours gouverné, mais qu'importe, et n'était-ce donc point encore assez pour leur mérite et leur ambition! Tout ce vaste et splendide édifice fut néanmoins sapé et ruiné dans ses fondements, du jour où Louis XVIII, esprit assez cultivé, mais politique égoïste et sans grandeur, rentra en France et ne sut y apporter, comme compensation à la souveraineté populaire anéantie et à la nationalité abaissée, que l'introduction, sans discernement et sans appropriation à nos mœurs, de ce rouage compliqué, d'origine anglaise, baptisé du nom de gouvernement parlementaire. Quand un agent des Bourbons, un agent de l'étranger osa, en présence des armées ennemies, qui déjà entouraient nos frontières d'un cercle de fer, semer la discorde au sein du corps législatif et que Napoléon répondit noblement à cette lâche aggression en ajournant cette chambre factieuse et antinationale, le parti de l'étranger, les conseillers des Bourbons regardèrent comme un triomphe énorme et se réjouirent grandement de cet empiétement du pouvoir parlementaire. Depuis, cette même influence parlementaire, dont ils avaient exalté l'audace leur a demandé des comptes bien autrement sévères, bien autrement nombreux et les a chassés de leur trône. L'Empereur avait bien compris ces écueils, et il était inutile de faire subir à la France durant trente-cinq années l'expérience de cette innovation déraisonnable contre laquelle, aussitôt mis en possession du pouvoir, les Bourbons durent ouvrir la lutte et qui devait entraver la marche de trois règnes et faire crouler deux dynasties malgré les efforts insensés tentés pour éviter ces catastrophes trop prévues. En effet, remonter à l'origine de ces gouvernements, réfléchir un instant sur leur mécanisme politique et sur leurs tendances, c'est écrire la sentence qui fatalement les amènera à 1830 et à 1848.

La Révolution française commencée par les hommes de 89 a été terminée par l'Empereur. Ceci est une de ces vérités, devenues vulgaires. Mais les vérités les plus grandes, toutes répandues qu'elles soient, ne font pas toujours assez de chemin dans les générations contemporaines. Le dédale, le chaos d'idées impraticables qui surgirent au lendemain du 24 février, est encore présent à nos esprits et justifie amplement ce que nous avançons. Le génie de Napoléon a dégagé de la Révolution certains grands principes au delà desquels il n'y a qu'erreur, folie, anarchie et tout ce que nous avons vu à cette triste époque. Il était donc parfaitement hors de propos de ressusciter les théories exagérées et les amplifications de l'école révolutionnaire. Toutes les questions essentielles étant vidées, il n'y avait rien à attendre, ni à espérer, d'une nouvelle campagne à la recherche de la vérité politique à travers les ruines publiques.

A l'envisager sans passion, la Révolution française fut un fait immense, un des faits les plus considérables de l'histoire du monde, puisqu'elle fut la transformation pour ainsi dire instantanée des conditions générales de la vie moderne en France aussi bien qu'en Europe. Ce mouvement n'appartient pas seulement au XVIIIe siècle, il remonte à 1517. Mirabeau essayant d'abattre aux États généraux de Versailles les abus de la vieille monarchie féodale ne fut que le continuateur éloigné mais incontestable de Luther essayant d'abattre à Wittemberg et à la diète de Worms les abus de l'influence religieuse, au temps où le libre examen religieux prit une place si hardie dans le sein de la doctrine catholique. La Réforme entamant l'autorité religieuse, la Révolution entamant l'autorité monarchique, Religion et Monarchie, l'assise morale et l'assise politique de ce monde, sont sorties de ces deux mouvements. Des abus graves, la vente des indulgences, ont produit Luther. Les abus si nombreux de la monarchie du droit divin ont produit 89. Mais de même que la Réforme n'entraîna pas la destruction de la Religion, la Révolution ne devait pas entraîner la destruction de la Monarchie. L'opinion publique n'alla jamais si loin et pour s'en convaincre on n'a qu'à rechercher le dépouillement des votes émis par tous les habitants de la France, expression éclatante d'une sorte de suffrage universel propre à cette période et qui se retrouve dans le rapport fait aux États Généraux le 27 juillet 1789.

Pour compléter l'œuvre de la civilisation générale, commencée par la Révolution française, la Providence suscita un homme aussi grand et plus grand qu'elle pour la consacrer, en propager les principes, en marquer les limites. Cet homme fut Napoléon. Faire pénétrer la Révolution dans les lois : telle fut sa mission à l'intérieur. Imposer la Révolution à l'Europe ennemie par ses victoires et ses bienfaits : telle fut sa mission à l'extérieur. Ces deux missions il les remplit d'une splendide façon. Au dedans, la France, malgré ses divisions passées est profondément imbue de l'*idée Napoléonienne.* Au dehors, malgré quelques revers noblement subis par nos armes, l'Europe est essentiellement française. Sans l'Empereur, les Bourbons seraient rentrés en France. Mais la Révolution est sur les pas de la maison de Bourbon et il semble qu'une inexorable fatalité condamne la France a subir une secousse violente chaque fois que cette famille essaye d'enchaîner le désordre et l'anarchie. Au contraire la dynastie impériale peut regarder en face l'esprit révolutionnaire. Deux fois elle lui a dit : « *Tu n'iras pas plus loin,* » et deux fois les flots se sont arrêtés dans leur débordement. Napoléon, et cela parle aussi haut que ses victoires, Napoléon comprit la Révolution, il en adopta les principes, il les proclama, les sanctionna, les abrita sous la responsabilité de son génie, il réhabilita jusqu'à ses fautes en les couvrant ainsi que ses crimes et ses erreurs des amples plis du manteau de sa gloire.

L'abolition du régime féodal, l'intervention de tous dans le vote de l'impôt et l'égale répartition de cet impôt, l'anéantissement des justices royales, seigneuriales, ecclésiastiques, l'admissibilité de tous les citoyens aux fonctions publiques, la subordination du pouvoir spirituel au pouvoir civil, tels furent les grands principes proclamés dans l'ordre politique et social par la Révolution et justement appelés les conquêtes de 89. L'Empereur Napoléon les consacra tous.

Par la publication d'un Code immortel il fit disparaître les traces du régime féodal, c'est-à-dire les coutumes locales qui divisaient les provinces et mêmes des villes et des bourgs en autant d'États ayant des intérêts contraires et étaient l'obstacle le plus considérable à l'unité de la

France. Il maintint l'égale répartition de l'impôt et l'intervention de tous dans le vote de cet impôt, ce qui était porter le dernier coup aux trois ordres de l'ancienne monarchie. Il approuva la suppression des juridictions spéciales et fonda l'administration de la justice, qui aujourd'hui et grâce à lui est égale pour tous. Il fit plus que la Révolution qui appelaït tous les citoyens aux fonctions publiques; avec le coup d'œil du génie, il alla chercher jusqu'au pied de leurs charrues des paysans, fils de paysans pour en faire des maréchaux, des ministres et ses amis. Tout en relevant les autels pour y donner un asile à la conscience, il plaça dans une juste mesure le sacerdoce dans la dépendance de l'État, afin que loin de dominer le gouvernement, l'église le soutienne au contraire et le fortifie.

C'était là que l'on devait s'arrêter dans les changements à apporter à l'organisation morale, politique, civile, religieuse de la France. C'est là que l'Empereur s'arrêta. C'est là que par lui la Révolution fut obligée de faire une halte dans la route commencée; elle n'eut au delà de ces limites, rencontré que ruines et désolations au lieu des gloires et des splendeurs dont Napoléon la recouvrit. 1848 l'a surabondamment prouvé.

La France, pas plus en 1789 qu'en 1848 ne voulait la destruction de la Monarchie au profit de la

République et des républicains. Selon l'expression de Bossuet : « *Où tout le monde veut faire ce qu'il veut, nul ne fait ce qu'il veut; où il n'y a pas de maître, tout le monde est maître; où tout le monde est maître, tout le monde est esclave.* » Le pouvoir est le commencement de la liberté. Sans le pouvoir il ne faut compter que sur l'anarchie. En instituant l'Empire héréditaire, le Sénatus-Consulte du 18 mai 1804, ne fit donc que remettre la France dans les voies propres à son génie ; car l'autorité n'est puissante et forte qu'autant qu'elle est héréditaire. L'hérédité est la base suprême de l'autorité. Les abus avaient disparu, les conquêtes civiles et politiques restaient intactes, l'unité du pouvoir surgissait dans la personne d'un souverain plein de génie. La Révolution n'avait été pour la Providence que le moyen de retirer le gouvernement centralisateur de la France nouvelle des mains d'une race décrépite pour le remettre plus puissant que jamais aux mains vigoureuses d'une dynastie jeune, populaire, née au sein de ses malheurs, dévouée à ses principes, à ses droits, à ses espérances et à ses besoins.

L'Empereur, quoiqu'on en ait dit, n'a ni renié son origine, ni étouffé la Révolution. Pour rester dans le vrai, l'histoire doit proclamer que Napoléon a étouffé l'anarchie républicaine, qu'il a régénéré la France, et qu'il a consacré les grands et vrais principes généraux de la Révolution. De cette même Révolution il n'a renié et répudié que les crimes et les erreurs. La Révolution mit la nation à la place des pouvoirs intermédiaires, à la place des trois ordres. L'Empereur eut la grande idée de donner la souveraineté nationale pour base à son pouvoir afin de construire son gouvernement avec solidité. Par la souveraineté nationale il entendait l'adhésion universelle de tous les membres de la grande famille française à l'existence de son gouvernement. En sa personne se retrouvait vivante la loi traditionnelle et monarchique des premiers âges. Le pouvoir de l'Empereur était la puissance d'un peuple passée dans les mains d'un homme. Il lui était donc très-facile de faire respecter par chacun la volonté formulée par tous. Son pouvoir pouvait se définir ainsi : l'Autorité représentant le Droit, une autorité immense déléguée par un droit incontestable. Cette autorité était d'autant plus forte et devait être d'autant plus absolue qu'elle représentait la volonté de la majorité placée librement dans les mains du plus digne. Là est l'explication de sa force et de sa durée comme gouvernement intérieur.

Empereur, consul, soldat, je tiens tout du peuple. Dans la prospérité, dans l'adversité, sur le champ de bataille, au conseil, sur le trône, dans l'exil, la France a toujours été l'objet unique et constant de mes pensées et de mes actions. Comme ce roi d'Athènes, je me suis sacrifié pour mon peuple, dans l'espoir de voir se réaliser la promesse donnée de conserver à la France son intégrité nationale, ses honneurs et ses droits. Des résultats contraires et les vœux de la nation m'ont ramené sur ce trône qui m'est cher parce qu'il est le palladium de l'indépendance, de l'honneur et des droits du peuple.

Voilà le langage que tenait l'Empereur, le 1er juin 1815, lui qui loin de chercher à dissimuler qu'il tint son pouvoir de la volonté du peuple français, s'en glorifiait sans cesse au contraire et répétait héroïquement : « *Je suis le peuple Empereur, je suis la Révolution armée et couronnée!* » tant il se sentait le représentant légitime des droits et des besoins de la France. « *Tout à la nation et tout pour la France! Voilà ma devise. Moi et ma famille, que ce grand peuple a élevé sur le trône des Français, et qu'il y a maintenus malgré les vicissitudes et les tempêtes politiques, nous ne voulons, nous ne devons et nous ne pouvons jamais réclamer d'autres titres!* » disait-il encore le 26 mars 1815. Quel pouvoir que celui qui s'appuyait ainsi sur le pays et combien nous allons avoir à rougir quand nous entrerons dans l'examen des gouvernements qui suivirent celui de Napoléon! Honte à l'intérieur, honte à l'extérieur, vont être le résumé de cette triste investigation.

Napoléon gouverna la France avec l'assentiment du pays et dans le sens des intérêts de la nation tout entière, sans acception des castes dont il avait lui-même consacré l'abolition. Il n'admit et ne reconnut jamais que le peuple français. Ses successeurs prirent à tâche de faire le contraire. Le temps s'est chargé de juger entre eux et leur illustre devancier.

Louis XVIII et Charles X, gouvernèrent non dans les intérêts de la nation, de laquelle ils n'avaient ni sollicité, ni reçu un mandat, mais dans le sens des intérêts de la noblesse et du clergé, qui formaient la minorité du pays. Louis-Philippe, fit pour la bourgeoisie ce que la branche aînée avait fait pour le clergé et la noblesse. Louis XVIII, Charles X, Louis-Philippe n'agirent qu'en vue des intérêts d'une minorité, et n'osèrent rien de ce que l'Empereur avait osé, soutenu qu'il était par la France véritable : le peuple et l'armée. Ces trois gouvernements reculèrent devant le suffrage universel. Ils ne posèrent pas même la question de leur existence. Là fut le germe de leurs chutes.

Rien ne fut légitime dans la rentrée des Bourbons, ces chevaliers errants de la légitimité. Les actes de souveraineté émanés de Louis XVIII ayant été faits en dehors de la nation et sous la pression des baïonnettes étrangères, étaient des actes illégaux. Ils n'étaient que l'ouvrage de la violence et devaient être regardés comme essentiellement nuls et attentatoires à l'honneur, à la liberté et aux droits de la France. L'Empereur, en remontant le 20 mars 1815 sur le trône où le peuple français l'avait élevé, ne fit donc que rétablir le peuple français dans ses droits les plus sacrés. Rentré en France à la suite des armées étrangères, Louis XVIII ne fit aucun appel à la nation. Il voulait la gouverner en vertu de son bon plaisir. L'ennemi présent à Paris imposait silence à ce noble peuple qui ne pouvait même pas faire éclater ses sympathies les plus secrètes. Pour le Roi, le trône était une propriété féodale. Une Constitution avait été préparée par le Sénat et devait, après avoir été soumise à l'acceptation du peuple, être agréée par le souverain quel qu'il fut, nommé par la nation. Louis XVIII mit toutes ces formalités, Constitution, appel au peuple, de côté. Il fit plus, il biffa d'un trait de plume tous les actes émanés de la souveraineté nationale et data impudemment son premier décret de la dix-neuvième année de son règne. La Révolution, le Directoire, le Consulat, l'Empire, étaient déclarés par ces mots, nuls de plein droit et non avenus dans l'histoire de France. Comme faveur grande, et dont il devait être tenu compte à sa magnanimité, il octroia au peuple une Charte, aussi facile à éluder qu'à révoquer, sans appel à la nation, sans même consulter les corps composant un vestige de représentation nationale. Ordonnant sans droit, promettant sans garantie, les Bourbons éludèrent sans bonne foi et exécutèrent sans fidélité. S'ils n'ont pas fait plus, c'est que le courage leur manqua. Napoléon le comprit ainsi. Après une année du règne de Louis XVIII, il jugeait la violation de la Charte inévitable et entrevoyait déjà le germe d'une révolution qui ne fut retardée que par la timidité des Bourbons et finit par éclater en 1830.

C'est une triste et honteuse chose que l'histoire des deux règnes de la branche aînée des Bourbons. Proscription des souvenirs de la gloire nationale, persécutions et exécutions politiques, cours prévotales, violation de la tribune, lois contre la presse, contre les écrivains et les journaux, guerre d'Espagne, rétablissement de la censure, lois du sacrilége, empiétement toujours croissant du clergé et de la noblesse féodale, milliard des émigrés, procès aux journaux, loi du droit d'aînesse, enfin nouveau rétablissement de la censure, ministère Polignac, violation de la Charte, Révolution de juillet, telle est la succession rapide des actes qui, sous l'influence immédiate de la noblesse et du clergé, poussèrent la Restauration à sa perte, suivant le pronostic de l'Empereur. Louis XVIII avait évidemment et sciemment semé dans sa Charte le germe de toutes les discordes, que, lui et ses successeurs récoltèrent si rapidement, en plaçant à côté du pouvoir royal, assez mal assis déjà, le contrôle permanent et inquiet d'une assemblée passionnée. Il y avait mis en travail l'élément le plus actif de la désorganisation future de sa propre autorité. Libéral et Bonapartiste étaient devenus synonimes. Benjamin Constant, un des membre du Conseil d'État de l'Empereur, le général Foy, un de ses lieutenants dont plus tard il aurait fait un de ses maréchaux, ainsi que cette phalange d'hommes en qui vibrait à un si haut point le sentiment des idées de l'Empereur et celui non moins ardent de la gloire nationale furent les orateurs, les plus convaincus et les plus éloquents qui diminuèrent le pouvoir de Louis XVIII et préparèrent la chute de Charles X. Les regrets de la France éclatèrent plus éloquents et plus unanimes que jamais en présence des droits méconnus et de la contre Révolution gouvernant aux Tuileries. Le grand Empereur succomba enfin à la lente agonie que l'Angleterre lui faisait subir à Sainte-Hélène. Le peuple n'y crut pas. Puis l'indignation publique battit en brèche le trône chancelant des Bourbons avec les idées si élevées et si patriotiques qui étaient le ciment des institutions de l'Empire. La chute ne se fit pas attendre.

A la Révolution de Juillet, chacun pensa qu'après une double et désastreuse épreuve de la politique des Bourbons, la France allait rendre au Roi de Rome cette couronne et ce gouvernement qui à tant de titres appartenaient à lui et à sa famille. Mais Napoléon II dont le règne légal avait déjà été si court était loin de Paris comme en 1815. On proposa inutilement de consulter la France et de la réunir dans ses comices électoraux. La couronne fut encore une fois escamotée par un parti d'intrigants, sans que le pays sut comment et pourquoi on lui imposait un souverain qu'il ne souhaitait pas et qu'il accepta comme un fait accompli croyant fermer l'ère des révolutions. Ce n'était néanmoins qu'une halte au milieu des tempêtes. Du suffrage universel, il ne fut question que comme d'un épouvantail. Du consentement de la nation, il ne fut parlé que pour affirmer que deux cent dix-neuf députés pouvaient fonder un pouvoir durable. On oubliait les trois millions cinq cent mille voix données aux Constitutions de l'Empire. Il y avait armistice, il n'y avait pas la paix. Le roi Louis-Philippe aurait pu faire son pouvoir fort et grand en l'asseyant sur le suffrage universel. Il eut peur de la voix de la nation et puis la hardiesse d'esprit, les hautes vues de l'Empereur lui faisaient défaut. La Providence avait d'autres desseins.

Lesfautesdes Bourbonsde labranche aînée n'avaient pas éclairéle roi Louis-Philippe. Leurs fautes furentses fautes. Il marcha complétement dans leur voie, voie funeste pour sa dynastie, funeste pour lui-même, puisque elle le mena fatalement à la déchéance et à l'exil. Mis en possession de la royauté par deux cent dix-neuf députés, il dut continuer et développer même le système parlementaire qui venait de renverser Charles X et qui devait le détrôner à son tour. Son règne ne fut qu'une longue et déplorable lutte entre le pouvoir et l'anarchie. Les conspirations succédaient aux conspirations. Les insurrections s'accumulaient les unes sur les autres. Les attentats contre la personne du souverain étaient devenus tellement fréquents qu'ils n'impressionnaient même plus le pays, cette terre sacrée du sentiment chevaleresque. Appuyé seulement sur la bourgeoisie, ce composé d'intérêts matériels, il ne gouvernait que dans le but de se la concilier à jamais. Il parlait souvent, toujours même de la souveraineté nationale, mais ce n'était dans sa bouche qu'un mot vide de sens et qui trouvait sa négation dans un corps de censitaires privilégiés, d'où était exclu tout ce qui ne payait pas l'impôt foncier. L'Empire ne fut pour la royauté de Juillet qu'une planche à réclames dont elle usa avec un art digne d'un meilleur sort. Louis-Philippe ramena les cendres de l'Empereur en France, mais il retint Louis Napoléon prisonnier pendant six années. Il prit les maréchaux de l'Empire pour ministres, mais des traditions impériales il s'étudia à ne continuer que les formes extérieures en évitant de continuer les vues et la marche de Napoléon. Deux fois, à Strasbourg et à Boulogne, l'*idée Napoléonienne*, toujours fidèle au drapeau de la souveraineté nationale, faillit le renverser, deux fois des hasards heureux le sauvèrent. Hasards heureux, disons-nous, puisque, plus tard et par la force naturelle des événements, le peuple français, devait avoir l'occasion de recourir encore une fois à sa dynastie d'adoption, et, acclamait en Décembre 1848, Louis Napoléon Bonaparte, Président de la République, par cinq millions cinq cent vingt quatre mille huit cent quatre-vingt dix-huit voix obtenues malgré le Pouvoir d'alors, qui ne recula devant aucun moyen pour les lui enlever. Mais n'anticipons pas.

Couronné par une insurrection victorieuse, Louis-Philippe devait tomber du trône devant une émeute triomphante. C'est ce qui eut lieu. La Providence avait voulu que, depuis 1815 la France fit une épreuve successive et prolongée de la vieille politique parlementaire personnifiée dans les gouvernements de la Restauration et de Juillet. Seul le gouvernement de l'Empereur, basé sur la souveraineté nationale trouva en elle sa raison d'être, sa sanction et sa durée. Il était présumable qu'une Révolution faite au nom de la réforme électorale ne retomberait pas dans les mêmes errements. Il était naturel de penser que ces grands paladins du suffrage universel une fois maître du pouvoir, feraient *par logique* ce que Napoléon avait fait *par génie* et qu'ils accompliraient ce grand acte de déférence envers la France. Ils devaient, d'après leurs propres expressions, consulter solennellement le pays sur la forme de son gouvernement. Au lieu de cela, ils se contentèrent de chasser et d'abolir la Royauté, et de décréter la République, à laquelle personne ne songeait, dont personne ne voulait. Le tout sous la pression de chefs de clubs et de bandes armées. Puis ils firent élire une Constituante, baclèrent une Constitution pleine d'impossibilités, d'éléments de désordres et de conflits, où l'envie et l'étroit égoïsme des coteries éclataient à chaque article, où l'on retrouvait cette éternelle et misérable défiance des républiques mettant chaque pouvoir et chaque homme en suspicion permanente. La première fois qu'il fut permis au pays de manifester son opinion sur le gouvernement qui venait de lui être imposé si lestement, il envoya sieger au Palais Bourbon une constituante réactionnaire, composée de tous les anciens partis et de quelques rares républicains.

Pour avoir peu duré, le pouvoir de février n'en est pas moins une des plus désastreuses époques que notre histoire ait à enregistrer. Quinze jours après la réunion de cette fameuse assemblée qui paraissait devoir mettre fin à tous les troubles, la plus honteuse anarchie se développa. Quelques adorateurs fanatiques du suffrage universel tentèrent de renverser l'assemblée nationale, issue de ce même suffrage universel, devant lequel ils auraient dû, n'eut-ce été que par pudeur, s'incliner respectueusement puisqu'ils avaient osé, en faire un nouveau jugement de Dieu entre le pays et leurs doctrines. Un mois plus tard, la République, qui existait moins bien que mal au milieu des agitations, de la misère, des terreurs de toutes sortes, périt dans ses propres excès et la civilisation ne fut sauvée que par l'intervention de l'armée, de la garde nationale, et de la province accourue en armes à Paris. La France se réveilla, comme par miracle. Mais dès ce moment le régime républicain fut jugé, condamné sans retour et sa transformation reconnue indispensable par tout le monde, fut ajournée à quelques semaines. Il était démontré de façon à n'y plus revenir que cette forme de gouvernement en excitant sans cesse le peuple et en ne le satisfaisant jamais, n'amène avec elle que le trouble et qu'on est vraiment libre que sous un gouvernement fort. C'est ce gouvernement que la France était résolue à se donner. C'est à l'accomplissement de ce vœu et de ces espérances que depuis lors elle a travaillé sans relâche.

Au milieu de ce désordre, l'assemblée, dont l'unique occupation aurait dû être la Constitution, voyait s'agiter dans son sein toutes les intrigues, toutes les ambitions. A sa tribune retentissaient les théories les plus incroyables. Dans ses votes se manifestaient la confusion et les tendances les plus antipathiques. Les ministres succédaient aux ministres, les accusations personnelles aux accusations personnelles, les scandales aux scandales et au milieu de tout cela, l'absence la plus complète de l'entente des choses gouvernementales chez les membres du gouvernement. A toutes ces causes de perturbation, à toutes ces coalitions, qui faisaient de l'Assemblée une nouvelle Babel, où démagogues et royalistes luttaient de déraison et de folie, venait se joindre le Socialisme, plaie nouvelle, quoique ressuscitée de Babœuf et des Saints-Simoniens. C'était un tournoi d'absurdités, qui, en temps calme n'aurait été que ridicule et aurait peut-être fait rire, mais qui, dans ces moments de surexcitation populaire devait entraîner à sa suite toutes les déplorables tentatives auxquelles nous avons été condamnés. Ces théories enfantées par le démon de l'amour de soi-même porté à son paroxisme ont été trop bien caractérisées par le Swift de la démagogie pour que nous ne reproduisions pas son jugement malgré ses trivialités : « *Votre démocratie n'est toujours que de l'absolu-* » *tisme ; votre république universelle, le pastiche* » *de la monarchie universelle... Croyez-moi, de-* » *venez d'autres hommes. Mettez au crochet votre* » *défroque parlementaire, rengainez votre phra-* » *séologie, brûlez-moi ces vieux oripaux du jaco-* » *binisme... Je ne connais qu'un mot qui carac-* » *térise votre passé, et je saisis cette occasion de le* » *faire passer de l'argot populaire dans la langue* » *politique. Avec vos grands mots de guerre aux* » *rois et de fraternité des peuples, avec vos para-* » *des révolutionnaires et tout ce tintamarre de dé-* » *magogie, vous n'avez été jusqu'à présent que* » *des blagueurs.* » Le pathos économique venant se mêler au pathos politique n'apporta qu'une cause de confusion de plus dans le parlement et dans le pays. Le socialisme devint un danger public. Arrêtée dans sa marche par Napoléon, la Révolution ne pouvait et ne devait pas dépasser la limite qu'au commencement du siècle il avait posée aux innovations sociales et politiques. Les discussions de l'assemblée constituante aussi bien que celles de l'assemblée législative n'ont rien produit de nouveau dans ces questions. Une fois de plus on apprit que l'ère révolutionnaire devait être fermée. Elle le fut en effet. Avec cet instinct qui ne lui a jamais fait défaut, la France alla trouver son libérateur dans l'exil et dans l'obscurité. Le temps était proche où les bons allaient pouvoir se rassurer et où les méchants devaient trembler.

Pas de Bonapartisme! avait été un des premiers cris des proclamations du gouvernement provisoire. Le 4 juin, des élections complémentaires ayant eu lieu à Paris, Louis Napoléon — qui, sur la demande des membres du gouvernement républicain, avait continué à habiter l'Angleterre, quoique ses cousins siégeassent tous au Palais Bourbon, — fut au nombre des élus et obtint dans le département de la Seine quatre-vingt quatre mille voix pendant que les départements de la Charente Inférieure, de l'Yonne et de la Corse le nommaient aussi membre de la Constituante. Rien ne fut épargné pour faire annuler ces élections et maintenir la loi de bannissement contre le nouvel élu. Mais les opérations électorales avaient été parfaitement régulières, et les rapporteurs concluaient tous à l'admission de Louis Napoléon, lorsque l'assemblée reçut de lui une lettre dans laquelle se trouvait cette phrase significative : « SI LE PEUPLE M'IMPOSE DES DEVOIRS, JE SAURAI « LES REMPLIR. » L'agitation fut extrême dans le parlement. La France sentait que Louis Napoléon devait un jour la sauver. Partout les sympathies grandissaient pour le prince si injustement attaqué et qu'une infime minorité voulait retenir dans l'exil. Malgré tous ces motifs, ou mieux, à cause de tous ces motifs, Louis Napoléon n'aurait peut-être pas été admis, si confiant dans son droit, dans sa force, surtout dans la volonté de la France, il n'eut adressé au président de l'assemblée, une nouvelle lettre contenant sa démission. A la fin de juin, Louis Napoléon, fut encore élu en Corse, mais il déclina une seconde fois l'honneur qui lui était fait. Les 17 et 18 septembre, les électeurs de la Seine le nommèrent de nouveau représentant par cent dix mille suffrages; et derechef quatre départements : la Moselle, l'Yonne, la Charente-Inférieure et la Corse l'élurent encore à une immense majorité pour ne pas dire à l'unanimité.

La Constituante qui se sentait abandonnée par l'opinion publique, en admettant toutefois que jamais l'opinion fût avec elle, voyait en Louis Napoléon le futur maître des destinées de la France, celui qui, un jour, devait, expression vivante de la volonté du pays, reconstituer l'autorité, que tous ses membres, soit individuellement, soit collectivement, cherchaient sans cesse à saper. Le paragraphe de la Constitution relatif à l'élection du Président de la République fut le terrain choisi pour combattre le prestige du nom de Napoléon et l'entraînement réfléchi de la nation qui appelait le prince à la diriger. Il n'y a pas de misérables arguties, de méchants subterfuges qui ne furent mis en avant pour rendre impossible l'élection de Louis Napoléon. Un amendement, qui ne pouvait concerner que lui, puisque les Bourbons et les d'Orléans étaient proscrits, fut présenté. Il excluait de l'élection tout membre d'une famille ayant régné sur la France. L'amendement fut rejeté.

Les calomnies n'en continuaient pas moins, sourdes et propagées par le parti alors au pouvoir; mais Louis Napoléon ne s'en préoccupa pas, dédaignant une assemblée qui craignait la voix du peuple. Il posa dignement et fièrement sa candidature à la présidence.

Le 10 décembre, jour de l'élection, approchait. Le chef du pouvoir exécutif, ayant en mains, l'administration, l'armée et toute notre organisation centralisée, ne fit peut-être pas par lui-même, mais eut la faiblesse de laisser faire par ses adhérents beaucoup de démarches extra légales en faveu rde la candidature qui fuyait devant lui. L'histoire n'a à juger que les résultats. Louis Napoléon obtint six millions de voix. Ensemble ses compétiteurs n'en réunirent pas deux millions. La France était-elle donc aussi républicaine que semblaient le croire le gouvernement provisoire, la commission exécutive et le pouvoir dictatorial issu des sanglantes journées de juin?

C'est difficile à croire pour quiconque a assisté à ce vote mémorable qui est le premier pas fait par la France dans la voie de la régénération. Et cette élection s'est faite au moment où des hommes qui se croient supérieurs par leur intelligence éprouvaient des doutes mortels sur l'avenir de la France; au moment où des politiques autorisés n'osaient ni avancer, ni reculer sur un terrain qui, tous les jours, s'affaisait davantage; au moment où ceux qui n'aimaient pas la révolution de 1848 parce qu'ils ne l'avaient pas faite, voulaient la garder parce qu'ils y trouvaient un vide pour élever leur importance! La majorité du pays, plus sagace par ses instincts que les plus habiles par leur expérience et leurs calculs, a marché droit au but et a adopté sans tant d'ambages, le dépositaire providentiel du principe d'autorité. Était-ce là le témoignage banal d'une vile populace qui obéit à la corruption et vient lâchement baiser la main du tyran? Le prince que la France proclamait était faible comme un exilé et dénigré comme ceux qu'a frappé la fortune. Tous les moyens d'influence et de coërcition étaient à d'autres, qui en usaient contre sa cause. Mais lui, tout faible qu'il fût, il était puissant par le sceau populaire imprimé sur le front de sa race, et par les souvenirs d'un de ces règnes qui brillent par la gloire et fondent les institutions. Le peuple préféra la grandeur morale du prince sans soldats, sans trésors, sans flatteurs, au gouvernement armé, installé, exerçant la plénitude de l'autorité sans en avoir le principe. Le nom de Napoléon sortant de l'urne démontra au monde que la France est et n'a cessé d'être profondément Bonapartiste, ou pour mieux dire que la France est Napoléonienne. Jamais élection ne fut plus significative. Six millions de suffrages protestèrent contre la minorité qui avait décrété la République et donnèrent l'Empire au nouvel élu; car, qu'on le sache bien, l'Empire était dans la pensée de tous dès l'élection du 10 Décembre. La France se prit à respirer.

Le 20 décembre 1848, Louis Napoléon sortait de l'Assemblée, qui d'abord avait voulu l'exclure et qui ensuite ne lui avait ouvert ses rangs que pour l'étouffer de ses dédains, chef du gouvernement français avec une formidable majorité populaire, mais avec une évidente minorité parlementaire. La situation faite par les partis au nouvel élu était menaçante et terrible. La Constitution de 1848, rédigée dans l'appréhension de voir arriver Louis Napoléon à la présidence, traitait le pouvoir exécutif comme un suspect. Pour elle, le conflit des deux pouvoirs institués par elle semblait chose inévitable. Ce n'était pas une loi, c'était un réquisitoire qui plaçait l'accusé sur son banc, instituait les juges, et entrebaillait la porte de la prison. Le pays avait entendu donner la dictature au prince Louis Napoléon, celui-ci l'abdiqua en acceptant la Constitution. Contre elle, il était puissant. Avec elle, il était faible et désarmé. Dans sa loyauté, il choisit la seconde position au lieu de s'emparer de la première comme tout le monde l'y poussait, comme tout le monde l'espérait. Qu'on se rappelle ce qu'était le pouvoir à cette époque. A part la force que Louis Napoléon puisait dans son élection et dans son nom, tout était à édifier. L'armée avait vu l'indiscipline entrer dans ses rangs avec les humiliations et les méfiances de la République. Assiégée par les désorganisateurs de toute autorité, l'armée allait au club, recevait les journaux, et les listes d'élections envoyaient de pauvres sous-officiers égarés siéger au Palais Bourbon à côté des plus illustres de nos officiers. Louis Napoléon avait à accomplir une tâche glorieuse et immense; l'armée à discipliner, l'autorité à reconstruire, la religion à défendre, le socialisme à écraser, la révolution à contenir, les partis à dominer, l'Assemblée à vaincre, l'opinion à entraîner, et la France à sauver. A pareille tâche, il fallait un tel homme!

A partir de ce moment, on peut dire que malgré les entraves que les partis opposèrent à sa marche, Louis Napoléon eut en mains les destinées de la France. Tant qu'avait subsisté le gouvernement de Juillet, il voulait reconquérir le trône dont il était le légitime héritier en vertu du sénatus-consulte de 1804, en faisant appel au pays. Le gouvernement de la branche cadette ayant succombé devant la révolte de février, et le peuple ayant nommé une Assemblée Constituante, il semblait que la France était rentrée dans la plénitude de ses droits et que le gouvernement issu de cette Assemblée dût être celui de la majorité. L'élection du Président prouva bien le contraire. La France en souvenir de l'ère napoléonienne avait acclamé le prince Louis Napoléon; mais ce n'était pas la Constitution de l'Empire qui avait été réintégrée et le génie de Napoléon ne dominait pas dans les institutions nouvelles. La Constitution remplissait en partie les exigences de la Révolution, mais elle ne mettait point un terme à la Révolution. La liberté pas plus que l'ordre ne sortaient de cette Constitution qui, au moyen d'une majorité de hasard, pouvait tout remettre en question. Louis Napoléon accepta la présidence parce qu'il était satisfait des résultats obtenus qui correspondaient en partie à ses espérances ; parce qu'il était pénétré de ses devoirs envers le pays, enfin parce que sa nouvelle position lui permettait d'appliquer librement et de faire prévaloir ses idées en matière de gouvernement. L'histoire depuis le 20 Décembre 1848 jusqu'au 2 Décembre 1851, démontre que le Président s'efforçait d'accomplir les devoirs que lui imposait la Constitution et de mettre en même temps ses vues personnelles en harmonie avec elle. Demeurer fidèle à son serment et à ses idées tout à la fois, était sa règle de conduite franche et loyale. Si la France eut été réellement républicaine, aujourd'hui encore elle serait en république. Mais la France est le pays le plus monarchique de toute l'Europe. Sans cela la majorité du peuple, à Paris et dans les départements, eût-elle demandé à haute voix, dès l'avénement de la République, que le pouvoir fut remis entre les mains de Louis Napoléon. En se confiant à l'héritier de l'Empereur, la France a manifesté hautement sa répulsion profonde pour les principes que la surprise du 24 février avait intronisés, sa résolution immuable de clore la révolution, d'imposer silence aux doctrines anarchiques dont le déchaînement avait accumulé tant de ruines. Voyant la République absolument incompatible avec la sécurité des personnes, des croyances et des propriétés, le pays voulait décerner la souveraineté à Louis Napoléon. Il le chargeait de substituer à la République un édifice gouvernemental capable de supporter une liberté sage et bienfaisante. Jusqu'au dernier moment Louis Napoléon crut qu'il pourrait amener légalement l'Assemblée à voter une révision de la Constitution. L'heure vint où il dut abandonner cet espoir.

Pendant les trois années de son pouvoir présidentiel, Louis Napoléon se consacra avec abnégation et persévérance à l'accomplissement de sa mission régénératrice. Intrigues, injures, menaces, conspirations parlementaires, royalistes ou démagogiques, furent impuissantes à ébranler son courage. Mis par une Constitution impossible et condamnée de toutes parts, en antagonisme avec une assemblée rétrograde, déconsidérée, dépopularisée par son mauvais esprit et qui conduisait la France sur la pente du Bas-Empire, l'élu unique et formidable de la grande nation n'avait qu'à choisir avec discernement et décision le moyen d'utiliser en vue du bien de tous l'autorité qu'il tenait de six millions de suffrages. Chaque membre de l'Assemblée pouvait se dire le représentant individuel de la nation, mais nul ne pouvait s'en dire plus complétement le représentant que Louis Napoléon, puisqu'il en était le représentant collectif. Malgré tous les motifs qui auraient dû concourir à entourer son administration des sympathies de tous les représentants sincèrement dévoués au bien du pays, ces années ne nous offrent que le tableau de la plus déplorable confusion. Louis Napoléon s'efforça sans cesse d'adapter à la forme du gouvernement existante ses propres idées. L'opposition irréfléchie, invincible, insensée jusqu'à la démence que lui firent les différentes coteries le poussa non-seulement à la résistance, mais à des projets auxquels il n'avait même pas songé en arrivant à la Présidence.

Dès l'inauguration de son pouvoir, Louis Napoléon fit comprendre aux membres de l'Assemblée et aux chefs des partis, qui tous croyaient avoir trouvé en lui un instrument docile, qu'il fallait compter avec lui. Il fit acte de volonté et d'énergie et leur montra qu'il ne les autorisait ni à le conseiller ni à le guider, mais qu'il leur permettait de le suivre. Alors au lieu de seconder le prince dans ses plans, qui ne s'écartaient en aucune façon des limites de la Constitution, ils cherchèrent à lui susciter des embarras et lui firent sur toutes les questions une opposition incessante. Dans le principe, Louis Napoléon sut tout concilier avec un rare bonheur. Mais peu à peu enhardis par ce qu'ils appelaient le manque d'initiative du Président, et ce qui au fond n'était que le recueillement d'une grande âme à l'aspect d'une situation impossible à maîtriser, les chefs des anciens partis monarchiques en vinrent à prendre l'offensive. La loi du 31 mai, inspirée par les meneurs royalistes, et présentée par les ministres du Président ôta à Louis Napoléon une grande partie de sa force. La révision de la Constitution, demandée par toute la France qui voulait la prolongation des pouvoirs du Président, fut rejetée. Le pays était en proie au plus grand désordre, les affaires étaient partout arrêtées, sans espoir de se relever, attendu que la perspective de la fatale année 1852 paralysait toute activité et toute spéculation. Après les tempêtes à peine enchaînées de février et de la lutte de juin, on devait redouter de voir fondre sur la France une nouvelle catastrophe qui ne pouvait être détournée que par la prolongation de la présidence de Louis Napoléon. L'armée commençait à montrer de plus en plus ses sympathies pour Louis Napoléon et même pour l'Empire; car la présidence n'a jamais été dans l'opinion de tous que le premier degré du trône impérial. L'enthousiasme militaire fut reproché comme un crime au chef de l'Etat. Le rappel de la loi du 31 mai demandé par le Président fut repoussé par la majorité, qui, d'audace en audace, de coalition en coalition, arriva à formuler de moitié avec la Montagne la monstrueuse proposition des questeurs qui mettait entre les mains du premier bavard venu le droit direct de commander en chef à l'armée de Paris, depuis le ministre de la guerre jusqu'au dernier caporal. Il n'y avait plus à hésiter, l'heure des attermoiements était passée. La France, l'armée, le chef du pouvoir ne pouvaient souffrir pareille injure. Le 2 Décembre devint une nécessité, une loi de salut public. La conciliation était impossible entre les deux pouvoirs, la guerre inévitable. Le coup d'État étai. donc non-seulement nécessaire, mais légitime.

La tâche de Louis Napoléon était d'autant plus patriotique, d'autant plus désintéressée qu'il était étranger à toutes ces divisions qu'il n'avait pas déchaînées. Le dépôt que la nation lui avait confié, contrairement à ce qu'avait fait la Révolution de Février, il le garda fidèlement et le lui restitua. Il pouvait décréter l'Empire comme la Révolution avait décrété la République. Il avait par son nom et les traditions napoléoniennes la puissance de donner à la France un pouvoir plus grand et plus digne d'elle, en élevant son titre personnel. L'opinion publique l'aurait certainement suivi. Au lieu de cela, Louis Napoléon, en face d'une des crises sociales les plus terribles, d'une crise plus compliquée encore que celle de février,

Louis Napoléon, le 2 Décembre 1851, écrasa l'anarchie sous toutes ses formes et ne voulant pas usurper le pouvoir, il fit un appel loyal et complet à la nation en lui donnant toutes les conditions d'un vote libre et intelligent. Le 21 Décembre, la France le remercia par sept millions quatre cent trente-neuf mille deux cent seize voix. De sa courageuse initiative et des votes du pays se dégagea de nouveau l'idée impériale, qui est l'opinion de la France et qui sommeillait depuis 1815. « JE NE SUIS SORTI DE LA LÉGALITÉ, » a dit Louis Napoléon, « QUE POUR RENTRER DANS LE DROIT! » Pouvant usurper le pouvoir il a préféré le tenir du peuple. Comme son oncle, il a senti que là seulement était la vraie force et la véritable puissance. La probité et la droiture, ces deux traits distinctifs du caractère de Louis Napoléon, apparaissent dans tout leur éclat en cette définition du 2 Décembre qui le justifie devant la postérité après que les suffrages unanimes de la France souveraine l'ont consacré. L'histoire qui pèse tout, actes et intentions, dans la balance de son infaillible justice, ne pourrait pas le condamner sans flétrir la nation qui, après l'avoir reconnu comme son libérateur, l'a glorifié plus tard, en l'élevant à l'Empire. Encore cette fois, c'était la couronne impériale que la France entière voulait donner au prince qui venait de la sauver.

La France est un grand État qui doit conserver au dedans et au dehors la force que lui donnent un vaste territoire et trente-cinq millions d'habitants, elle est à la fois agricole et commerçante; mais, malgré la richesse de son sol, elle serait pauvre, si l'industrie n'ajoutait d'immenses valeurs mobilières au capital immobilier, et si les goûts des jouissances polies et d'un luxe modéré ne donnaient au travail un aliment toujours nouveau. Mais le travail, pour arriver au dénouement de ses entreprises, doit être secondé par tant d'avances de fonds et une continuité d'efforts si persévérante, que tout succès lui échappe s'il est interrompu ou troublé par les orages d'une politique inquiète et subversive. Le travail demande aux institutions la stabilité, source de la confiance et mère du crédit. C'est pourquoi la première émotion passée, la Constitution promulguée, les nouveaux pouvoirs établis, la France satisfaite du bien-être et de la sécurité qui lui étaient rendus manifesta hautement par l'organe des conseils d'arrondissements, des conseils municipaux et des conseils généraux sa volonté bien arrêtée de voir le titre d'Empereur accepté par celui qui en avait la puissance. Le pouvoir impérial, héréditaire seul, pouvait en effet lui assurer à jamais la stabilité dont elle avait si grand besoin. Louis Napoléon put s'en convaincre dans le voyage qu'il fit à travers la France quelques mois à peine après l'acte réparateur du 2 Décembre. Partout on faisait des vœux ardents pour la stabilité de son gouvernement et pour le retour d'une forme politique qui a frappé le monde par la majesté de son pouvoir et la sagesse de ses lois. Ce voyage ne fut qu'une immense pétition de tout un peuple accouru sur les pas de son libérateur et les cris enthousiastes sortis du cœur de milliers d'agriculteurs et d'ouvriers, d'industriels et de commerçants formaient comme un plébiscite anticipé.

Après les grands ébranlements politiques, il arrive toujours que les peuples se jettent avec joie dans les bras de l'homme fort que leur envoie la Providence. C'est la fatigue des guerres civiles qui fit la monarchie du vainqueur d'Actium. C'est l'horreur des excès révolutionnaires, autant que la gloire de Marengo qui éleva le trône impérial. Au milieu des récents dangers de la patrie, cet homme fort venait de se montrer au 2 Décembre 1851 et la France lui avait confié son drapeau près de périr. Si elle a déclaré vouloir le lui confier pour toujours dans le voyage mémorable, dont nous parlons, et qui n'a été qu'une suite de triomphes, c'est que par son courage et sa prudence, l'homme s'est montré à la hauteur du mandat; c'est que lorsqu'une nation se sent tourmentée par les agitations d'un gouvernement orageux, une réaction nécessaire la conduit vers celui qui lui assure le mieux l'ordre, la stabilité, le repos.

Louis Napoléon était dans cette situation merveilleuse, que, seul, il tenait dans ses mains ses biens inestimables. Aux yeux de la France, il avait ses services immenses, la magie de sa popularité, les souvenirs de sa race, souvenirs impérissables d'ordre, d'organisation, d'héroïsme, qui font battre le cœur des Français. Aux yeux de l'Europe, il rajeunissait le plus grand nom des temps modernes, non plus pour des triomphes militaires dont son histoire est assez riche, mais pour enchaîner les tempêtes politiques et sociales, pour doter la France des conquêtes de la paix, pour raffermir et féconder les bons rapports des États. En dedans et au dehors, c'est à lui que se rattachait un vaste avenir de travail et de civilisation pacifique. Cet avenir ne devait pas être livré aux hasards des événements et aux surprises des factieux. C'est pourquoi la France a demandé en 1852 la monarchie de l'Empereur, c'est-à-dire l'ordre dans la révolution, et la règle dans la démocratie; c'est-à-dire la liberté politique sans anarchie, la liberté civile sans confusion, la liberté des cultes sans licence, la liberté de la presse sans révolte et sans diffamation, l'égalité des droits bien différente de l'égalité chimérique des fortunes. Ce qui distingue et distinguera toujours le trône impérial, c'est qu'il a été élevé par la nation, qu'il est par conséquent naturel et qu'il garantit tous les intérêts. C'est là le véritable caractère de la légitimité. L'intérêt impérial est de consolider tout ce qui existe et tout ce qui a été fait en France dans cinquante années de révolution. La France, nous l'avons déjà dit, voulait l'Empire le 10 Décembre, alors que les artifices d'une Constitution ennemie empêchaient le peuple de dire son dernier mot. La France voulait encore l'Empire le 20 Décembre, alors que la modération d'un noble caractère empêchait de le lui demander. En 1852, le sentiment public déborda comme un torrent. Depuis assez longtemps, des signes visibles annonçaient quelle devait être la mission de Louis Napoléon et la raison des hommes d'État s'accordait avec l'instinct populaire pour en fixer le caractère. Après cette dérision qui avait mis l'héritier d'une couronne à la tête d'une République, il était évident que la France toujours démocratique par ses mœurs, ne cessait pas d'être monarchique par ses habitudes et ses instincts, et qu'elle voulait le rétablissement de la monarchie dans la personne du prince qui se révélait à elle comme le conciliateur de deux siècles et de deux esprits : le trait d'union du pouvoir et du peuple, le symbole monarchique de la démocratie organisée. L'ambition désintéressée du peuple, n'est autre chose que l'ambition de la grandeur de la patrie dans celle du pouvoir qui la dirige. Le peuple avait voulu un Napoléon, il voulait un Empereur. C'est le même instinct qui le poussait. C'est à la même pensée qu'il obéissait. L'Empire pour lui n'était pas seulement le couronnement d'un homme et la restauration d'une dynastie. C'était avant tout la France élevée à sa plus haute puissance et retrouvant dans les luttes fécondes de la civilisation et dans les conquêtes pacifiques du travail, cette souveraineté de son génie dont Louis XIV avait fait l'apanage de son passé, et dont Napoléon a fait le droit et la nécessité de son avenir.

La monarchie impériale a tous les avantages que pourrait avoir la république, sans avoir les dangers de celle-ci. Les autres régimes monarchiques ont placé le trône trop loin du peuple. La république, vantant son origine populaire, s'est au contraire habilement retranchée contre eux, dans les masses qui se croyaient oubliées ou méconnues. Mais l'Empire plus fort que la République sur le terrain démocratique lui enlève cette objection. Il a été le gouvernement le plus énergiquement soutenu et le plus vivement regretté par le peuple. C'est le peuple surtout qui l'a retrouvé dans sa mémoire pour l'opposer aux rêves des idéologues et aux expériences des perturbateurs. Le peuple n'a cessé de voir dans l'Empire son émanation et son œuvre. Il le place dans ses affections bien au-dessus de la république, gouvernement anonyme et tumultueux, dont il se souvient bien plus par les violences de ses proconsuls que par des victoires qui furent le prix de la valeur française.

Voilà pourquoi la monarchie napoléonienne a absorbé deux fois la république, qui est virtuellement dans l'Empire, à cause du caractère contractuel de l'institution, et de la communition et de la délégation expresse du pouvoir par le peuple. Mais l'Empire l'emporte sur la République parce qu'il est aussi la monarchie, c'est-à-dire le gouvernement de tous confié à l'action modératrice d'un seul, avec l'hérédité pour condition et la stabilité pour conséquence. La monarchie a cela d'excellent qu'elle se plie admirablement à tous les progrès de la civilisation. Tour à tour féodale, absolue et mixte, toujours ancienne et toujours moderne, il ne lui reste plus qu'à rouvrir l'ère de sa transformation démocratique inaugurée sous l'Empereur. C'est le gouvernement que possède aujourd'hui la France depuis que par le vote du 22 novembre 1852, elle a proclamé Louis Napoléon Bonaparte, Empereur des Français, par SEPT MILLIONS HUIT CENT VINGT-QUATRE MILLE CENT

QUATRE-VINGT-NEUF VOIX ; c'est le gouvernement que possède la France fatiguée d'utopies, incrédule aux abstractions politiques et dont le génie, mélange de bon sens et de poésie, est ainsi fait qu'il ne croit au pouvoir que sous la figure d'un héros ou d'un prince.

La France est enfin régie aujourd'hui par une Constitution sérieusement réglée, conforme à ses besoins, faite en prévoyance de ses droits, de ses mœurs et de son génie. Les trois pouvoirs, division qui, selon Montesquieu, est la pierre angulaire de l'édifice politique, y sont institués. Un chef responsable devant le pays et possédant une liberté d'action non plus fictive, mais sérieuse : deux chambres, l'une, produite du suffrage le plus étendu dont on ait encore joui dans aucun pays, établissant l'impôt, votant les lois ; l'autre, gardienne du pacte fondamental, nommée par le pouvoir, mais inamovible et par cela même indépendante. Auprès de l'Empereur, siége un conseil d'État, auxiliaire éclairé du souverain, tuteur des intérêts et des droits de tous, assemblée composée d'hommes éminents, préparant les lois et en soutenant la discussion devant les chambres. Cela constitue une organisation politique, simple et ingénieuse, de nature à satisfaire à toutes les exigences de la politique courante ; l'expérience de ces deux dernières années ne peut laisser aucun doute dans l'esprit des gens honnêtes et de bonne foi.

Le rétablissement de l'Empire n'a pas eu seulement une valeur et un sens pour nous, dans notre pays, dans notre foyer, dans notre intérieur; il en a eu aussi une considérable qui mérite de fixer les regards, les méditations et les sympathies de l'Europe. La transformation faite dans la personne de Louis Napoléon, n'a pas été seulement comme on pourrait le croire, pour la France un changement de dynastie, un empereur succédant avec grandeur à un roi; c'est surtout le rétablissement des idées d'État, qui doivent être, pour l'époque où nous vivons, le contrepoids nécessaire des idées de révolution. Le rétablissement des institutions impériales a été plus que l'avénement d'un homme, cela a été l'avénement d'un gouvernement; l'avénement d'un système à la fois national et populaire, dont le caractère politique est d'autant plus éclatant qu'il est formé de tous les éléments essentiels de la révolution, moins les utopies et les chimères; dont l'autorité est d'autant plus puissante qu'elle consiste dans la puissance de tous; dont l'expansion vers le progrès sérieux est d'autant plus féconde qu'elle emprunte ses traditions de célérité et de simplicité au génie organisateur qui a créé la France moderne. Hors des traditions représentées par Napoléon III il n'y a point de salut pour la France; depuis 1789 un seul grand principe politique a survécu au milieu de nos orages révolutionnaires, c'est le principe de la souveraineté nationale, c'est qu'il n'y a et qu'il ne peut exister en France de pouvoir légitime que celui qui a été légalement consenti par elle. Les factions seules se sont inquiétées au rétablissement de l'Empire parce qu'elles sentaient bien que cette grande mesure était destinée à leur porter le dernier coup. La magistrature présidentielle et temporaire du prince Louis Napoléon leur laissait un espoir permanent de voir mourir ou tomber le seul homme sur la tête duquel reposait cette magistrature éphémère; mais l'Empire de Napoléon III, mais une dynastie confiée aux mains d'un homme jeune qui donnera des héritiers était un juste sujet d'alarmes pour les fauteurs de troubles et de révolutions. Le gouvernement impérial depuis son installation a tenu toutes ces promesses; en rassurant l'Europe au dehors, il raffermit la France au dedans. Pour l'Europe, il est l'emblême d'un pouvoir légitime, puisqu'il repose sur l'acceptation de la nation qui l'a établi. Pour la France, il participe à la fois de la monarchie et de la république : de la monarchie par l'hérédité, de la république par l'élection. C'est la seule forme de gouvernement qui pouvait, avec de telles garanties, effacer jusqu'à la trace des divisions des partis, en les fondant tous en faisceau dans un grand parti national. Il ne peut rester en dehors d'un pareil mouvement que les brouillons ou les factieux dont la minorité n'en est que plus visible, puisqu'elle se détache sur l'immense parti des honnêtes gens et des cœurs vraiment français. L'Empire est la barrière qui les arrête et les arrêtera toujours invinciblement, c'est le terme définitif de nos agitations politiques ; c'est le port que la Providence a si longtemps indiqué à la France ; c'est le dénouement heureux de nos soixante années de révolution.

L'Europe entière a accueilli l'Empire avec reconnaissance : car les souverains le savent bien, l'Empire c'est la religion honorée et respectée comme fondement de l'édifice social ; l'Empire c'est le pouvoir fort et libre, émané du peuple, faisant tout pour le peuple ; l'Empire, c'est le pouvoir dégagé des attaques, des outrages, des discussions qui nuisent à sa grandeur et à son génie, qui l'empêchent, dans l'intérêt des coteries ambitieuses de faire les grandes choses qui importent à la prospérité, à l'amélioration, au bien être moral et matériel des populations ; l'Empire, c'est le gouvernement indépendant, digne, national, juste, civilisateur ; l'Empire c'est l'autorité honorée, respectée, généreuse, active, féconde ; l'Empire, c'est le salut des hommes religieux, des chefs de famille, des propriétaires, des ouvriers, des artistes, des savants, de tous ceux que la révolution a tués, sans cependant parvenir à détruire la religion, la propriété, le travail, la famille, l'art et la science. C'est le gouvernement restauré sur les ruines des gouvernements trahis, renversés, méconnus, coupables; c'est le principe d'autorité restauré, ce principe que l'Europe regarde avec nous comme une condition essentielle de l'existence sociale. Aussi l'Europe a-t-elle accueilli avec enthousiasme l'avénement de Napoléon III.

Les actes, les œuvres, les messages de l'Empereur Napoléon III ont déja gravé son effigie dans le médailler de l'histoire. Ses actes l'ont fait connaître comme chef d'État, ses œuvres et ses messages comme écrivain. Cette parole sobre, nette, élevée comme la pensée qu'elle exprime, cette plume, qui est un burin, et qui semble appartenir à l'écrivain le plus exercé et le plus sûr de lui-même, sont des dons exceptionnels qu'on ne rencontre que rarement dans des individualités princières marquées pour les grandes destinées. Une pareille organisation, combinée avec les circonstances où se trouvait la France, pouvait ne pas se produire pendant un long espace de temps, et c'est une faveur particulière accordée par Dieu à un noble peuple, que d'avoir à sa tête pour le gouverner un prince décoré du plus grand nom des temps modernes, que la nation connaît pour l'avoir vu à l'œuvre, un génie politique qui administre comme Colbert, exécute comme Richelieu, écrit comme Pascal, règne et gouverne comme Napoléon.

Le XIXe siècle sera bien le siècle de Napoléon ! Jamais l'agriculture, l'industrie, le commerce n'ont été plus florissants que de nos jours ; jamais, il n'y eut en France une réunion plus remarquable de talents supérieurs dans toutes les branches, dans l'armée, dans les arts, dans les lettres, dans les sciences. Le règne de Napoléon III sera bien le siècle d'Auguste.

La France c'est l'Empire, l'Empire c'est l'Empereur. Venez donc, ennemis du dehors ou ennemis du dedans, essayer de porter une main profane sur nos institutions. La France entière, unanime, les paysans, les soldats, les ouvriers, la France enfin vous répondra par ce seul cri qui est aujourd'hui dans tous les cœurs et sur toutes les lèvres :

VIVE L'EMPEREUR !

www.ingramcontent.com/pod-product-compliance
Ingram Content Group UK Ltd.
Pitfield, Milton Keynes, MK11 3LW, UK
UKHW012257240726
13966UKWH00004B/1452